Primera edición: mayo de 2024

© De la edición: Inventa't Comunicació S.L.

Tel. 977 24 88 83

variaeditio@gmail.com

ISBN: 978-84-128335-4-6

Depósito Legal: T-573-2024

Algunas palabras nocturnas

FRAN SAMANIEGO

VARIA
editio

Dedicado a Matilde, Ana, Vicente,
Andrea, Marina, Sonia, Javi
y a todos aquellos que en algún momento
han deseado que esté bien,
porque ahora lo estoy...

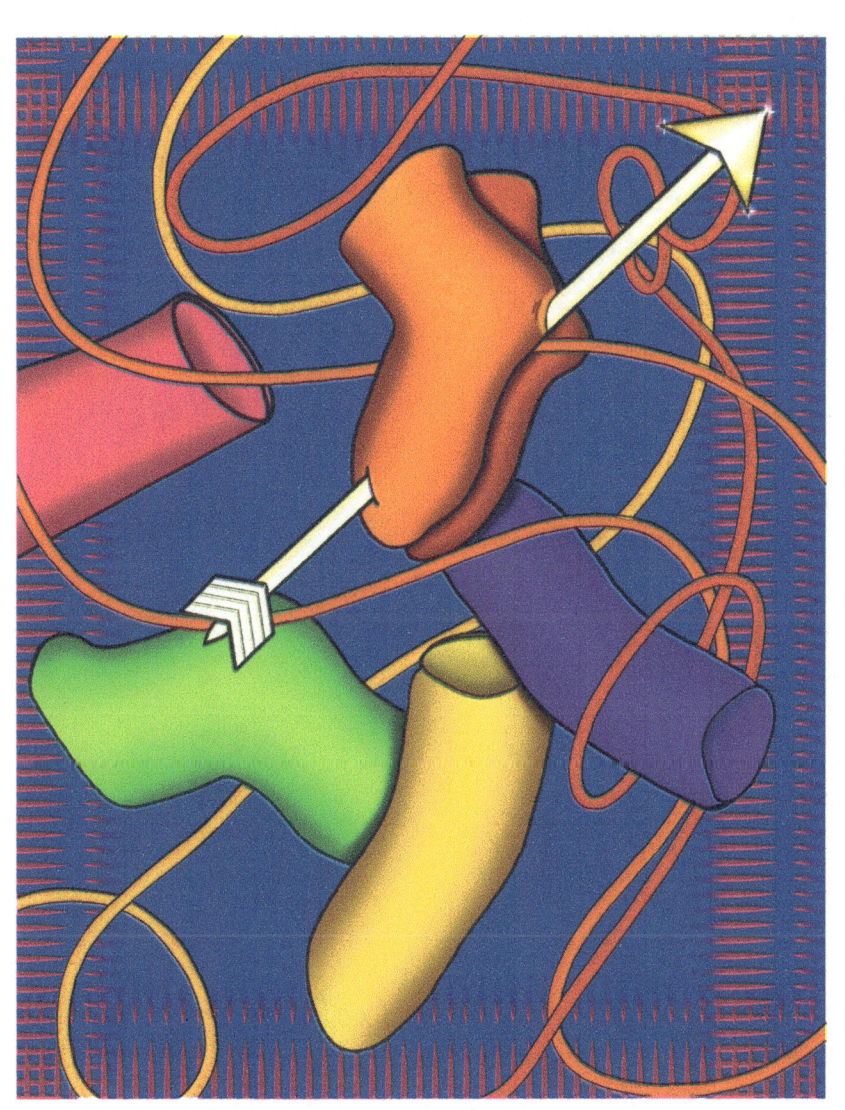

NUESTRO ÚLTIMO BAILE

Hilos sueltos de un guante de lana,
calcetín sin par,
no quisiste mi amor,
lo dejaste atrás.

Pestañas sin párpados
cordones sin qué anudar,
no quise tu amor,
ahora ya, qué más da.

Como un diario en blanco,
como un gramófono sin disco,
como una flecha sin arco,
ni un último beso nos dimos.

Regresar sin punto de partida,
velada sin violín,
escenario sin público,
ni un último baile te pedí,
cuando toda mi obra
siempre fue para ti.

NOCHE DE BODAS

Y al llegar la noche aparecerán,
disfrutad de esas horas tardías
con su brillo y vuestras alegrías
y esas manos que bien se amarrarán.

No llegar nunca a tiempo,
errar siempre
en la elección del momento,
como correr hacia atrás,
cavilar como nunca
para como tantas veces triar la puerta equivocada.

Mas esta vez no,
esta vez fue el tiempo quien erró,
por no traerme antes aquí.
Esta vez fue él quien erró,
creyó que nunca llegaría a ti.

Ese nunca
tan solo era una espera,
un está por llegar,
no imaginé que me alegraría tanto
de lo llorado hasta encontrarte.

Si mi último combate has de ser
mereció la pena luchar,
serás mi última contienda al parecer.
Bienvenidos todos los golpes que la vida me pudo dar,
corto se me habrá hecho el desierto
si eres donde debía llegar.

Noche de bodas,
prometo hoy y aquí
que bendigo todos mis errores
los que me guiaron hasta esta alianza
todos y cada uno de ellos
que me regalaron esta luna junto a ti.

Agarrando a la vida a arañazos
le fui momentos robando
y uno a uno los fui colocando
para entregarte mi amor antes hecho pedazos.

Noche de bodas,
deséame tuyo una noche más,
será nuestra primera
deséate mía un alba más,
será nuestra primera.

Será nuestra primera noche de bodas
será nuestra primera luna juntos
será nuestra primera…
de todas las que nos quedan.

Créame recuerdos nuevos,
hasta a ti me llevaron los viejos,
empecemos hoy y ahora
en esta, nuestra noche de bodas,
porque contigo deseo escribir los eternos.

QUIZÁ LO MEJOR ESTÉ POR VENIR

Quizá le deseó suyo
sin él saberlo,
quizá se deseó suya
mas no lo suficiente.

Puede que él no fuera lo mejor,
eso siempre está por venir,
puede que ella tampoco lo fuera
y marraran al elegir,
o no supieron reconocerse
como sus perfectos.

Caminos que en círculo giran,
otros bifurcarán o se alejarán,
desechando lo bueno ya ni se miran
y con odio se olvidarán.

Por no echar la vista atrás,
convencidos que al frente lo mejor espera,
por lo bueno no querer recordar,
esperando que así sea,
porque este camino ya dejó de girar…
… o no…

LA SIMPLICIDAD Y LA GRANDEZA DE UN GRACIAS

A Ramón, gracias maestro

Gracias,
muchas gracias,
¿por qué?
Por ser merecedor/a
de mi agradecimiento.

Gracias,
gracias de verdad,
¿qué me agradeces?
Todo lo que vendrá.

Gracias,
y mil gracias,
un gracias sincero,
de antemano y desde el corazón.

Gracias,
¿Hay algo peor
que llegar tarde a dar un gracias?
No deseo comprobarlo,
así que, gracias,
por todo lo que vendrá.

A LA MADRE QUE ME PARIÓ

A Matilde, gracias, porque quizá no merecí tanto

Madre de quien desearía ser poeta,
madre de quien fue un bala perdida,
madre de quien escribió 'La Puerta',
madre de quien consiguió encontrarse.

Madre de quien sólo ansía ser
tan buena persona como ella.
Madre de a quien le enseñaron todo lo que no,
madre de a quien enseñó todo lo que sí,
madre de quien disfruta del presente
porque del pasado no se arrepiente.

Madre de quien echa de menos
algunos humos y algo parecido,
madre de quien a veces sin merecerlo
siempre se sintió arropado,
madre de quien dice: "es segundo perdido,
cada segundo no reído",
madre de quien acabó 'Por y para mí'
con 'esto no se ha acabado'.

Madre de quien mil veces le mintió,
cuando al ¿cómo estás? Decía: "Muy bien".
Madre de quien por fin
consiguió no mentir,
al decir
que está feliz.

NO LO RECUERDO

Recuerdo que sólo fue brisa
la primera vez que me sonreíste,
sin darme cuenta, ya era viento
lo que sentía tan solo con verte,
y ya no recuerdo desde cuándo ni porqué
te convertiste en tornado al pensarte.

Finas gotas caían al escucharte,
sin imaginar lo que pasaría,
gotas que marcan al leerte,
sin prever lo que ocurriría,
y ya no recuerdo desde cuándo ni porqué
he de abrir el paraguas al pensarte.

Letras, palabras y versos,
eran sencillos al tocarte,
estrofas, poesías y poemarios
surgían al estar cerca de ti,
y ya no recuerdo desde cuándo ni por qué
todo se volvió un armónico caos al pensarte.

CULPABLE DE AMOR

A mí, porque lo merezco

Si el cargo es haberme enamorado
me declaro culpable.

Si el cargo es haber amado
me declaro culpable.

Si el cargo es haber dejado de ser amado
me declaro culpable.

Si el cargo es no haber dejado de amar
me declaro culpable.

Si el cargo es haber vuelto a ser amado
me declaro culpable.

Si el cargo es haber vuelto a amar
me declaro culpable.

Si el cargo es volver a enamorarme
me declaro culpable.

Si el cargo es enamorarme de ti,
me declaro culpable y deseo y merezco prisión eterna.

DESCUBRÍ QUE...

No necesito compañía,
no para respirar,
no para mantenerme vivo,
pero deseo la tuya.

No necesito pasear de la mano,
no para caminar,
no para mantener el equilibrio,
pero deseo hacerlo de la tuya.

No necesito la sonrisa de nadie,
no para seguir,
no para poder dormir,
pero deseo la tuya en cada despertar.

No necesito una espalda,
no para aguantarme,
no para clavarle puñales,
pero deseo poder cada noche acariciar la tuya.

Creí que no necesitaba nada,
y acabé descubriendo que sí,
tu mano para respirar,
tu sonrisa para caminar,
acariciar tu compañía
y besar tu espalda en cada despertar.

CIUDAD DE AQUELLA PRINCESA

Ciudad de interior,
tan lejana y tan presente,
todos los días aquel amor
él recuerda y de nuevo siente.

Ciudad de inviernos nevados,
ciudad de asfixiantes veranos,
de andenes que nos vieron abrazados,
que añoran tristes, ver juntas nuestras manos.

A la orilla de su Manzanares sentado,
entre árboles y nueva fauna arribada,
corazón que se sintió abandonado
y alma que jamás será aliviada.

Noches en vela me siguen acompañando,
no, el tiempo no todo lo cura,
porque no sólo te sigo extrañando,
el tiempo no calma, ni suaviza tan profunda amargura.

No imaginarías, tampoco yo recuerdo,
cuántas y tan distintas formas probé
de mi mente borrar aquel sueño
que junto a ti, viví y disfruté.

Ciudad de palacios reales,
ciudad que vio tu nacimiento,
te bien aseguro, que lo intento y lo intento,
pero vuelves a mí cada noche y me atraviesas,
tú, la más bella de todas las… princesas.

EL LASTRE DE UNA MÁSCARA

Lastrado por la imposición de la autocensura,
el silencio de la puerta cerrada aumenta,
con cada ventana abierta,
ni el ron de careo ayuda ya a dormir,
¿Por qué demonios no se lo puede decir?

Paralizado ante su hipnótica mirada,
donde el parpadeo se torna algo secundario,
donde cada nueva inspiración es más codiciada,
no podía más que compadecerse por tal calvario,
renunciar a ella era la última pero la única realidad.

Máscaras, sueños y disfraces caen,
cuando aparecen balbuceos,
sudores fríos y mejillas enrojecidas,
todo puede, todo puedes, todo puedo,
esconder, adornar y mentir,
salvo lo que siente, lo que sientes,
lo que siento… por ti.

VÉRTIGO

Siento vértigo,
de las llamas de tu indiferencia,
siento vértigo,
tan solo con tu no presencia.

Siento vértigo,
cuando me despojas de tu mirada,
siento vértigo,
porque estoy olvidando tu espalda acariciada

Siento vértigo y otros santos,
con las paredes impregnadas,
de amores perros, llantos
y otras malas jugadas.

Siento vértigo,
cuando recuerdo todo lo contigo vivido,
siento vértigo,
y ni siquiera te he conocido.

HARTO YA

Harto ya,
harto siempre,
de ser un cobarde,
de no ser valiente.

Harto ya,
de esconder lo pensado,
harto siempre,
de callar lo soñado.

Una vez más,
no me permite siquiera
el poder errar,
harto ya,
de esta maldita timidez.

Una y mil veces más,
cada día te sorprendería,
harto cada vez más,
con cada parpadeo te lo demostraría.

Quizá, pudo ser,
sin duda, debió ser,
esa la vez primera
que por fin le venciera,
pero sucumbí de nuevo
a esta maldita timidez.

Con total o ninguna seguridad,
sospecho que nada habría cambiado,
al menos en cuanto a resultado
sí en cuanto a dignidad.

Me acompaña el lamento
por tan amarga cobardía,
desde el primer momento
por carecer de gallardía.

NAUFRAGIO

En mar abierto resistes flotando,
ola tras ola tu hado evitas,
nado a nado la esperanza se va agotando,
¿y qué si me rindo? Meditas.

De pronto una costa avistas,
¿será ésta la isla soñada?
O una más, como las otras desiertas,
¿será ésta la tan deseada?

U otra fortaleza de compuertas abiertas.
¿Por ríos de agua dulce serpenteada?
O de rías de sal encubiertas
que de nuevo niegan la adorada.

¿Será el naufragio amado?
O un náufrago entregado a su suerte...

CAPRICHO DE INVIERNO

Decidiste aparecer cuando más frío hacía,
pude encontrarte cuando creí que moría,
de regreso de una última parada,
cuando creí que moría.

El horizonte aclaraste
cuando la noche lo ennegrecía,
y con tu voz mi corazón tocaste,
cuando creí que moría.

Capricho, quizá sólo eso,
de un invierno que ya partía,
capricho, nada de eso,
cuando creí que moría.

Por y para ti, por y para mí,
capricho de invierno,
cuando morir creí,
apareciste con algunas palabras nocturnas.

Y ENTONCES MÁS VÉRTIGO

Y cuando falta el aliento
encuentro tu reír en mi memoria,
no te conozco y te siento
y entonces… más vértigo.

Te extraño, te noto, te lloro,
y no sé si existes siquiera,
cada centímetro de tu cuerpo exploro
y besaría si pudiera.

Vértigo, fobia, miedo a lo desconocido,
si no existes no puedo encontrarte,
si no te conozco no puedo buscarte,
y entonces… más vértigo.

Últimas lágrimas que derramo,
jocosos monólogos para la compañía,
destierro por un te amo,
sólo por uno ya bien lo valdría.

Y entonces… más vértigo.

INGRAVIDEZ POR LAS CALLES DE LAREDO

Pequeño rincón del Cantábrico
único testigo de que es cierto lo que digo
único compañero que vio lo que escribo
y que día tras día revivo.

Tierras centrales y nororientales
tan distintas y distantes
para aquellos que el poder es su única cota
pero tan inseparables en mi alma rota.

Recuerdos de ingravidez
de repente pies de plomo
recuerdos de ingravidez
de vuelta al frío suelo.

Vuelo junto a ti en mi memoria
y despierto arrastrándome en tu olvido
por las calles de Laredo
y desde el coche de línea un último beso.

Derroche de lágrimas sin igual
en tan bello lugar
vuela alto, vuela feliz
yo también en mi memoria al recordar
que una vez volé junto a ti.

Parada tan obligada como inesperada
por la muerte de un pedal
suplicando por añadir otra jornada
después del Principado atravesar.

Un lugar para no olvidar
experimenté la ingravidez
triste, pero buen final
por las calles de Laredo.

UNA VEZ MENOS...

Otra vez... otra vez empiezo de cero,
cierro la puerta sin haberla cruzado,
abro la siguiente sin conocer su paradero,
de nuevo, de viejo y de vuelta sin haber llegado.
Una vez menos...

Reanudo la senda sin haberla abandonado,
solo fue un oasis junto al camino,
como la mejor copa servida al de al lado
o una charca sin ranas, pero no olvido.

Sigo porque no hay otra, otra de menos,
sigo porque no conozco el trayecto,
porque no conozco atajos o rehuyo de ellos
porque si no, no es perfecto.

Y una vez menos es lo que hago,
abro sin haber cerrado,
conozco y frecuento sin haber olvidado,
busco el aplauso fácil y el halago.

Una vez menos saco del libro el punto,
sin saber si lo he acabado,
sin tener claro si empezar otro es mi deseo,
quizá no haya más y fue el último
y eso sea lo perfecto.

Harto de tragicomedias disfrazadas de romanticismo,
¿qué tal por una vez una de arena?
O una de cal, ya no sé cuál es la buena,
¿cómo entonces no sufrir de escepticismo?

Corrector por naturaleza
aun siendo quien más yerra,
una vez más...

ADIÓS BLUES, ADIÓS

Sin ti vuelvo a no ser nadie ni nada,
al encontrarte me sentí alguien, fui algo,
quizá tan sólo un alma prestada,
puede que unos pies con zapatos de otro…

Basta ya de canciones, de poesía y de blues para llorar,
basta ya de ojos en baños salados,
basta ya de melancolía como único sentimiento,
basta ya de zapatos prestados.

Escribe, sí, pero cántalo, vívelo, disfrútalo
emociónate y por qué no de alegría llorar,
basta ya de no poder soñar.

Corazón de twist, de rock sureño,
adiós blues, adiós,
estas caderas y estos pies piden rock & roll
para estos ojos, de los que soy dueño.

LEJOS QUEDAN

Amanezco, despierto y celebro vivir
a las mismas horas que antes me recogía
junto a cuerpos que dios sabe quién debió esculpir
que quizá debieron llegar mientras dormía.

Lejos quedan tu luz y tu color
aunque mi alma sigue a la espera
aún puedo recordar de tu cuerpo su olor
y mi corazón sigue a la espera.

Como un frágil silbido a mi oído llegan
tus abrazos, tus recuerdos y tus dulces mordiscos
y de la misma forma me arrebatan y se llevan
tus besos, tus cuentos y tus guiños.

Lejos quedan tu voz y tu sonrisa perlada
pero como si de ayer se tratase
presentes siguen en mi memoria desdentada
como si el ego con ello retozase.

En cada pestañeo tu silueta vuelve a escena
mis dedos recuerdan acariciar
tu sedosa espalda y tu corta melena
y otras que no puedo mencionar.

Tu rostro no puedo olvidar
tu silencio no quiero extraviar
lejos quedan, lejos puedes quedar
pero mi cordura (para siempre) puede esperar.

CHIRINGUITO

Maduros mayos te recuerdan,
junios en tus tan apetecibles labios,
julios en tu calurosa cadera,
agostos que traen tu mirada en cera,
en todos, extraño tu sonrisa a ciegas.

Estructura por el ángel caído diseñada,
junto a él mil veces he pasado,
cerrando los ojos recuerdo ser abrazado,
a puerta cerrada en esa prisión endiablada.

Entre música, cañas y motores de neveras,
entre voces, aguas saladas y sudor,
escarceos nocturnos, copas y algo de rock,
para siempre en mi paladar, aunque no quieras.

A voces sí, pero amor secreto,
distancia sólo salvada en la oscuridad,
en pistas de baile que siempre es más discreto,
dando rienda suelta con alevosía y …

Sin explicación alguna abandonado,
para ser resucitado de las cenizas,
horas y horas en ese caldero dorado,
por un abrazo con carmín, unas sonrisas
y un 'amics per sempre' recompensado.

Y A MUCHA HONRA SIGO LLORÁNDOTE

Sin darnos cuenta nos dejamos atrás,
y casi, ya no nos recordamos,
una chica extraña, un señor sin sombrero ni gracia alguna,
y cientos de kilómetros suavizan el olvido.

Un tiempo y una carta que nos hicieron de frontera,
maleta al tren y sin reloj de pulsera,
nuestra instantánea, una casa de flores,
con k y de una sola vocal nuestros motes.

Ociosos que no perezosos, en un sofá,
hablando de estrellas y universos amanecía,
con madres valientes y sin papá,
aforos reducidos y 'pal' barrio que es de día.

Algo de ron y sin necesidad de efedrina,
una guitarra, un cenicero y que vengan las horas,
y a mucha honra y con el alma retorcida,
aún me preguntan por qué tanto la añoras.

PUES ANDUVE Y ANDUVE...
Y NO HALLÉ

Al andar me decían se hará el camino,
pues anduve y anduve sin hallar
más que un cuscurro de pan y una bota de vino,
escondiéndolo y sin poderlo mostrar.

Dejad que sacien su sed de venganza,
después de todo, la guerra y el hambre
les despojó de bienes y de toda esperanza
conservando marcadas las espinas del alambre.

Vencidos y exiliados por quienes se creen vencedores,
ahorcados y mutilados por quienes se creen los justos,
creyéndose dueños de Dios, sólo son inquisidores
que llenan de odio y rencor, cunetas, nichos y sepulcros.

Pues anduve y anduve sin hallar
más que lágrimas, miedo y campanas sin parar,
eso es lo único que queda después de tanto batallar
en su nombre, en el nuestro, sin la libertad de poder pensar.

AMOR

Hagámoslo,
creamos en él,
sintámoslo,
creamos en él.

Fue esquivo demasiadas veces,
pero no cruel, pero no dañino,
pero no ofensivo, pero no cabrón,
las emociones y el dolor son míos,
el amor es sólo amor.

El amor es sólo amor,
sólo y todo, el amor es todo,
tu amor es todo,
fue y será,
tu amor es todo.

Amé tu amor, amo tu amor,
abracé tu amor,
muero por abrazarlo de nuevo,
y sé que ya… moriré sin hacerlo.

Si un solo abrazo más pudiese dar,
sería tuyo,
si una sola caricia más pudiese dar,
sería tuya,
si tan solo una vez más pudiese sentirlo,
el amor… sería contigo.

MÁS AMOR

Sé que era en ésta,
pero te esperaré las vidas que hagan falta,
sé que era en ésta,
pero te seguiré escribiendo en la siguiente.

Sé que era en ésta,
pero abiertos desde allí arriba,
mis brazos te esperarán,
sé que era en ésta,
pero la memoria de mis manos
jamás te olvidará.

Sé que era en ésta,
y mi alma te esperará,
sé que era en ésta,
pero aún nos queda la eternidad.

POSGUERRA

Y después del fragor
quedó la posguerra,
y después de tu amor
sólo quedó el frío de afuera.

Arrimarme a ti como a un ascua ardiendo,
ese fue el calor que me arrebataste,
y cual ceniza consumiendo,
quizá así me olvidaste.

Posguerra de amor,
hoy tan solo un conocido,
no hubo fiesta de adiós,
vencido fui y sigo herido.

EL BANCO DE LA PLAZA DE MI PUEBLO

A mi abuelo Francisco

Dueña de aquel banco de madera,
de lo mucho que pasó y lo poco que queda.

En mi niñez refugio de las verbenas bailadas,
portería para balones y celebraciones coreografiadas.

En mi juventud testigo de los primeros besos,
y ¿por qué no decirlo? De los primeros excesos.

De adulto de él me olvidé,
cuando él seguía acordándose de mí,
porque en él mi nombre acuchillé,
una tarde de litro y otras cosas que compartí.

Ahora en los años postreros y de suspiros,
vuelvo a él con garrota y amigos,
a contar anécdotas que no todos recordamos,
con alguna lágrima, pues no todos estamos.

De niño de ti me aproveché,
de joven de ti abusé,
de adulto otras plazas frecuenté
y ahora de nuevo, refugio,
cuando ya no recuerdo aquella niñez.

BALADA FRÍA

Con el cuidado y el esmero
con el que se trata a las nanas acristaladas
recogiste una a una mis lágrimas derramadas
cual amiga o el más fiel escudero.

Lágrimas curadas a veces con pasodoble,
otras con una copla bien cantá,
pero siempre contigo del brazo
y con nuestros sueños en un capazo
pues decidiste hacer una espantá.

En el armario aquella vieja guitarra y su funda,
con la que cambiamos por risas cada lágrima vivida,
jamás huiré de la melancolía
pues es tu recuerdo lo que me mantiene con vida.

Tras una buena balada te sigo escuchando,
por las calles en silencio y vacías
tu mirada sigo encontrando,
pues no dejé de verla ni cuando dormías.

Si nada muere hasta que uno lo olvida,
eterno será por ti mi amor
y te seguiré encontrando en cada balada fría.

NO TE FÍES DE MÍ, QUE SÓLO QUIERO QUE SEAS FELIZ

Dame tu sed
que yo la haré abundancia,
dame tu lágrima
que yo (por ti) la haré risa.

Pero no te fíes de mí…

Dame tu voz
que yo la haré grito,
dame tu miedo
que yo te acompañaré.

Dame tu instante
que yo lo haré vida,
dame tu derrota
que por ti ganaré la partida.

Pero no te fíes de mí…

Dame tu cicatriz
que yo la haré abrazo,
dame tu amor
que yo, moriré por hacerte feliz.

GADITANA, LA DE ALGECIRAS

Antes de nada
tu acento sureño,
y mi palabra jurada
de que era tinerfeño.

Antes de nada
girarme y buscarte,
clavando en ti mi mirada
después de encontrarte.

Tu morena piel soleada
por el levante y por el poniente,
en playas de arena dorada
contigo no necesito aguardiente.

Por el quirúrgico velo
tu otra mitad un misterio,
preciosos rasgos árabes
en lo que queda al descubierto.

Tu sonrisa necesito averiguar
para mi locura poder aliviar,
retirado por fin el velo
aparece lo que hace días sospecho.

De tierra de lidia
y de gracia natural,
preciosa niña
hermosa de verdad.

Isla verde para un musulmán,
que da nombre a su primera ciudad,
puerto blanco para el romano,
por el rinconcillo quiero pasear de tu mano.

San Bernardo y de La Palma su Virgen
son sus patrones,
que con unas cabrillas te reciben
y con una deliciosa abajá se despiden.

Nació algecireña
pero del mundo ella se siente
de mi corazón dueña
sin que lo sepa la gente

LGTBIQ+

A Marina, gracias socia

Porque el silencio de tu dolor
a todos nos debería estremecer,
porque su falso abrazo
a nadie logra ya convencer.

Tras el arcoíris del 78 alzo mi voz,
silenciada, humillada y perseguida,
yo decido para quien mi corazón,
pues ésta es mi vida.

Por el verde y el rojo,
desde Collingwood al Soho,
por el amarillo y el violeta,
desde Hillcrest a Chueca,
por el azul y el naranja,
desde San Francisco a Le Marais,
por el respeto a cada franja.

Pride, pride, pride,
con mucho y bien alto,
pride, pride, pride,
mi voz al cielo alzo.

NIÑO ENAMORADO

Con la mirada lenta
para alejar el final,
lo mismo quiero que ella sienta
junto a mí al despertar.

Con la mirada tímida
de quien ama por vez primera,
dejaría de al suelo mirar
si ella de mi sentir supiera.

Con la mirada traviesa
del niño que sólo desea jugar,
pupilas engrandecidas al poderse cruzar
si al final su deseo confiesa.

Con la mirada golpeada
por su silencio a voces,
en mí no caben más golpes
de tu alma enamorada.

Con la mirada en ámbar
a la espera del derecho concedido,
de tocar su piel no sin peligro,
de su amor no poder encontrar.

Lento el final de un mismo despertar
tímido que supo desde el suelo amar
niño travieso de pupilas confesas
golpeado por el silencio de su alma
encontró el peligro y el derecho a su piel de ámbar.

DESEO TU CUERPO, PERO NO SIN TI

Y sí, desearía tu boca de nuevo rozar,
y no, de tu mano volver a caminar,
y no, tus mejillas volver a sonrojar,
y sí, tu cuerpo volver a saborear.

Pero esta vez no en sueños,
y sí, con poca luz,
de noche (y) sin estrellas,
y no, para que de nuevo acaben rotos.

Y sí, con más cactus y menos jazmín,
y no, rodeados de rosas y carmesí,
y sí, sudados y sin copa de vino,
y no, pensando de mañana el camino.

Y sí, con cigarro y trago al litro,
y no, con abrazo y susurro,
y sí, con furia y grito,
y sí, me voy y queda oscuro.

Y sí, sin beso y otro rato,
y sí, sin pluma y sin vinilo,
y no, de sábanas de fino hilo,
y sí, olor poco grato.

Y sí, sin antes ni después,
y no, con miedo al descuido,
y sí, (sin pensar en) el daño por otros sufrido,
y no, en tus porqués.

Y sí, vestido abajo y arriba barbilla,
y no, en la conciencia esas lágrimas,
y no, pensar más en tu preciosa faldilla,
y no, sobre esto escribir páginas.

Y sí, recorrer tus hermosas caderas,
y no, tus oídos endulzar.

Y no, si eso es lo que esperas,
y sí, con otro te has de cruzar.

Y no… y no… y no es eso lo que quiero,
y sí, grito que por ti muero,
y no, sin amor y como un perro fiero,
y sí, con pasión y ¿por qué no? Algo de cuero.
Y sí, por la mañana llevarte,
y sí, abrazo eterno después,
y sí, cada noche y día amarte, y sí, hablar nuestros porqués.

Y no, gozar y desechar,
y no, para después olvidar,
y no, por un rato romper mi cama,
y no, quebrar como una seca rama.

Y sí, para siempre,
y sí, escribirte por cada beso un verso,
y sí, acariciarte siempre,
y sí, así es como yo te deseo.

CAMBIÉ TODO Y (SIN EMBARGO) SEGUIRÉ MURIENDO

El viento de un solo aleteo
capaz de cambiar en todo lo que creo,
(sin) la luz de una sola mirada
capaz de ver mi vida cambiada.

Un segundo, un momento, un instante,
capaz de replantear la constante,
después de tanto, de nuevo empezar,
sin saber cómo o desde qué lugar.

Cambio, todo nuevo, desde cero,
nada de antaño, llenar de nuevo el puchero,
mente, cocina y armario rehacer,
debe ser todo inédito al parecer.

Y casi lo consigo…
sé que me mantengo con vida
pero también que hace tiempo morí,
sería todo nuevo, menos una herida.

Seguiré muriendo porque sigo con vida,
si esta noche vuelves a mis sueños,
y de tu cuerpo mis ojos son dueños,
y en la real me cuesta darte por perdida.

Y es que las musas vienen y van,
me hacen sentir, me hacen vivir
cierto disfrute y también escribir,
pero de inicio sé que marcharán.

Esta noche has vuelto
antes de despertar,
y si no lo digo miento
muero por volverte a tocar,
en sueños de momento
porque ya no te lo puedo contar.

Tantas heridas en el corazón,
todas olvidadas menos ella,
cambié hasta la razón,
pero seguiré muriendo por la más bella.

ERRÉ Y VIVO SIN ARCO

Fuiste mi mal,
mi camino equivocado,
por estar enamorado
y no dejar de amar.

Fuiste mi mayor error,
mi peor decisión,
mi gran dolor,
tremendo borrón, que no ratón.

Fuiste el lado opuesto
del pellizco correcto,
un chasquido tardío
en un mundo perfecto.

Fuiste azul sobre amarillo
si huyes del verde,
labios de cítrica naranja
que sonrojaban mi piel,
cada mañana blanca
junto a tu recuerdo color añil.

Fuiste mi vida
y muero por encontrarte,
porque el error no fuiste tú,
fue no morir por recuperarte.

LOS AÑOS QUE NO PUDE CONTAR

¿De qué sirven los años?
Los que no viví junto a ti,
¿Para qué demonios quiero esos años?
Si no pude junto a ti crecer.

Incluso los menos malos
no los quiero contar,
sin tener cerca tus labios
no los pude disfrutar.

¿Para qué sirven los años?
Si con tu ausencia perdí mi risa,
con mentiras y amaños
intenté ocultar que sin ti perdí la prisa.

De nada servirán los que quedan
si tu amor nada en otros mares,
ya olvidamos los lugares
que sólo nuestros besos recuerdan.

Y si en la quinta sin ti sigo,
arrebatadme mis recuerdos,
entre apuestas y juegos
porque sin ti no vivo.

¿Para qué sirven los años?
tan lejano queda tu abrazo
y en mi memoria sólo un arañazo
de una mirada que causó estragos.

Si de vivirlos se trata
no los puedo contar,
porque sin ti no son más que una errata
en una vida que prometía soñar.

Hoy mis versos te extrañan,
y quien los lee lo percibe,
mi tinta no dejará de escribirte
en los años que no pueda contar.

MIEDO A SER LIBRE

Ratonera sin acierto conocido,
camino fácil mintiendo,
aderezando sin sentido
al engaño propio.

Rienda suelta a la inventiva,
lazo corto al miedo,
deja ir al libertario
reteniendo al falso amor.

Cúrame, sácame del error,
visítame para escapar de nuevo,
recuérdame lo fascinante de lo vivido,
arrebátame el oscuro miedo.

Salida de laberinto irreal,
éxito de soldado sin ejército,
sin la protección de mi armadura medieval,
me mentiste para perder el miedo a pensar.

Y SIEMPRE EL ARCO

Quizá no quiera escribir nada que no sea para ti,
quizá no pueda escribir nada que no sea para ti,
lo he intentado, mas me ha sido imposible,
todo daría por poder hacerlo, mas no puedo.

Te escribo, te recuerdo, te escribo, te añoro,
te escribo, te veo, te escribo, te huelo,
te escribo, te noto, te escribo, te saboreo,
te escribo, te oigo, te escribo, te amo.

Y el aire, y el sol, y el cielo, y te amo,
y el mar, y la arena, y las rocas, y te amo,
y el perdón, y el porqué, y el quizá, y te amo,
y el antes, y el después, y el ahora, y te amo,
y el siempre, y el nunca, y el puede, y te amo,
y de nuevo la brisa, y (de nuevo) la lluvia,
y (de nuevo) esa nube, y te amo,
y el casi, y el todo, …y la nada… si no te amo.

FINGE OLVIDARME

Inténtalo…
Inténtalo,
descubre de nuevo,
finge olvidarme
aunque no puedas.

Lo mejor que te pasó,
sí, yo.

Abraza y besa de nuevo,
baila a un nuevo son,
retuerce las sábanas
y saborea un nuevo amor.

Finge olvidarme
aunque te sea imposible.

Rescata tus mejores sonrisas
y entrégalas con tu mejor carmín,
Te devuelvo tus caprichosas miradas
aunque sé que desearías entregármelas otra vez a mí.

Intenta agarrar un nuevo día
sin haberme soñado,
finge olvidarme
tras tenerme toda la noche a tu lado.

Recreas mi voz en lo más profundo de tu alma,
buscas mi sabor en tu lengua,
no olvidas mi calor entre tus piernas,
y añoras mi rostro en la almohada

Sigues notando mi cuerpo junto al tuyo
y tienes presentes mis palabras en tu tristeza,
continúas escuchando mis canciones
pero mis versos ya no calzan tus mesas.

Finge olvidarme
y haz la cama con sábanas nuevas.

Mi cara quizá alejaste de tu cartera
pero eres incapaz de apartarme de tu memoria,
recuerdas mis manos en tu cadera
y suspiras por notarlas de nuevo en tus mejillas.

Finge olvidarme
aunque por mí mueras…
…así es como deseo que me extrañes
cuando mi nombre sé que ya… ni recuerdas.

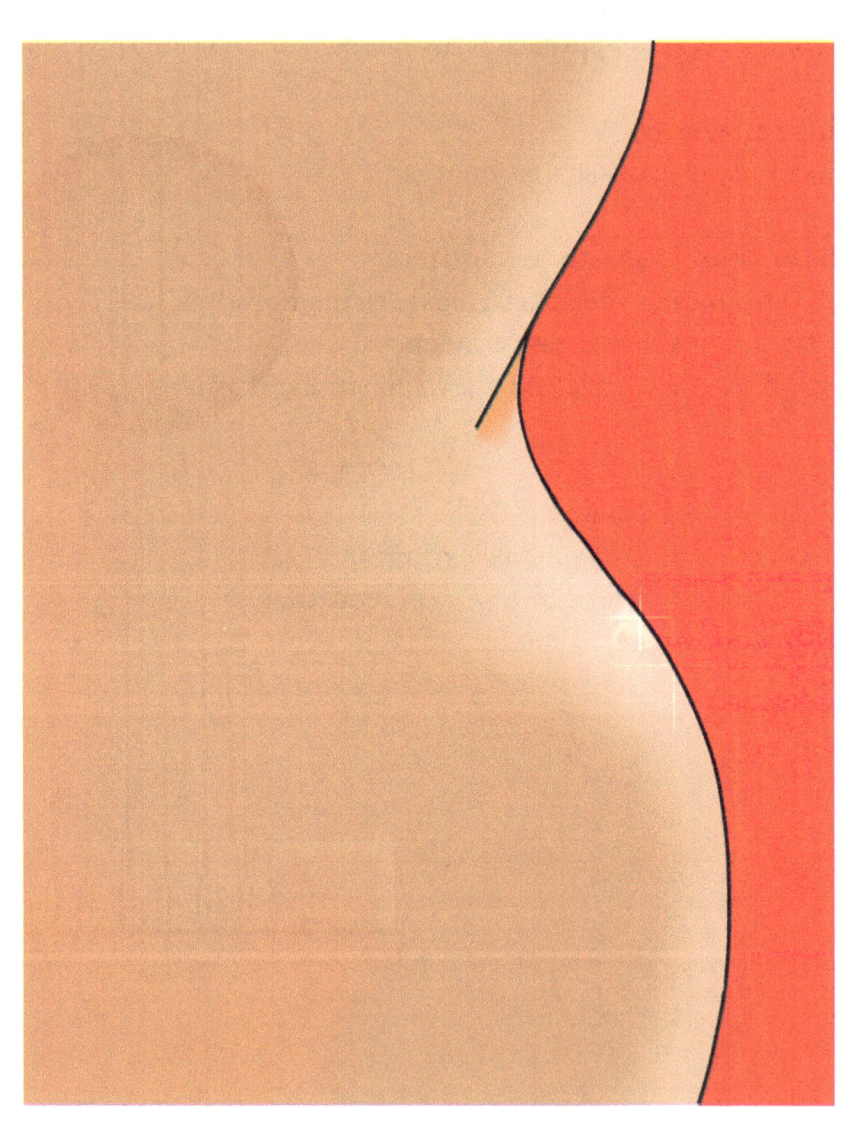

DEJARÉ DE DECIR

Dejaré de fingir
por fin lo haré,
dejaré de decir
que por fin te olvidé.

Percherona de ojos negros
puedes presumir sin pudor,
sin miedo alguno, sin dudar,
que sigo siendo tuyo,
tu esclavo de sangre y emocional.

Mi púa sigue acariciando
las cuerdas de tu guitarra,
devuélveme tus viejos acordes
y no me arranques la esperanza.

Junco vencido,
océano en sequía,
viento en quietud,
tormenta sin rayos,
una noche menos te querría.

Recordarte en cada osa mayor,
olvidarte en cada hielo bañado en ron,
pues no, no quiero, no puedo,
no puedo traer de vuelta un recuerdo
que no se ha ido,
que nunca se marchó.

Lo intenté, juro que lo intenté,
y ayer me pregunté
si podías dejar de ser
mi último pensamiento en cada luna
y la respuesta es...
que dejaré de decir
que por fin te olvidé.

AL PERDERTE

Dejé de temer a la muerte
tras tu último abrazo,
dejé de temer a la muerte
en el mismo instante
en el que perdí tu amor.

Aprendí a vivir sin mi vida,
a soñar sin mi único sueño,
a desear sin mi mayor deseo,
a errar de nuevo y sin medida.

INSOMNIO POR OLVIDO

Jadeante insomnio de nostálgica luna,
que viene, que va, que vuelve, que abruma,
cual acechante y despiadado olvido,
eterno dolor, por endiosar lo vivido.

PARA CUANDO QUIERAS VOLVER

Sé que conoces el camino de vuelta,
pero quizá no ha llegado el momento,
yo conocía el camino de ida
pero lo borraste con ayuda del viento.

GRACIAS POR HACERME FELIZ

A Amarilis

Esa sensación olvidada,
de mirada en niebla,
de piel erizada,
que hasta la voz tiembla.

De esto va la vida,
creí que ya no me tocaba,
que para mí... ya sólo herida,
que el universo mi felicidad se la ahorraba.

Y entonces ella,
entonces tú.

Y ME DISTE LUZ

A Roxana

Fría la calle seguía,
esperando tu llegada,
miradas y sonrisas llenas de alegría,
desde el momento en que tu alma entró en escena.

Grises atardeceres por fin mueren,
llega la luz y de nuevo el deseo de vivir,
¿qué fue del abrazo de la noche triste?
Ahora sólo deseo los tuyos antes de dormir.

Te soñé sin conocer tu rostro,
tumbado entre frescas moreras,
tocado, hundido y roto,
desde el invierno esperando que me vieras.

Eres la vela que alumbra mi cueva
las noches que la lluvia desea ser protagonista,
que mi voz le duela a quien le duela
cuando grite que eres mi musa y guionista.

ÍNDICE